私は長嶋茂雄が好きだ

Toshio Tanaka
田中 俊雄

文芸社

私は長嶋茂雄が好きだ●目次

カバー・本文イラスト：田中康徳

私は長嶋茂雄が好きだ。誰が何と言おうと大好きだ。もうすぐ五十歳になる私がこんなことを言っても、少しも恥ずかしいと思わない。自分の妻にさえ恥しくて大好きなんて言った事もないのに。「どうしてそんなに好きなの」と尋ねられても理由なんて分からない。無条件で好きと言うしかない。日本中に長嶋ファンはいったい何千人何百万人、いやそれ以上いるかも知れないが、私と同じ想いで応援している皆さんに、私が子供の頃からの長嶋茂雄に対しての想いと記憶を、素直にたどって綴ったもので、「そんなこともあったのか」「あの時私もそう思った」などと昔を思い出し喜んだり怒ったり、プロとは違う一素人ファンの思考を一緒に楽しんでいただければと思い、ペンをとったものである。

※この本の中で、長嶋さんに敬称を使っていないことをお許し下さい。

私の幼・少年時代

私が子供の頃、野球は、福島の田舎のため、今みたいに車が多く走っていなかったので、道路のロータリの広い場所や、秋の稲刈りが終った田んぼを利用して、三角ベースのソフトボールをよくしていたものです。

昭和三十年代は私達の田舎ではあまり裕福な家庭は少なく、遊び道具も自分で揃えられる人も少なく、バットは山へナタやノコギリを持って行き、自分で好みの長さ太さに木を切り、木の切り口が山主に見つからないようにと、木の色に近い土をこすりつけたりして、子供心にもいろいろと工夫をしてたものです。各自好みで造ったバットは、長いバットも短かいバットもあるし、初めのうちは生木のため重くて自由に振れなかったり、また曲ったバットなどもありました。しかし皆一応自前のバットでした。

毎年のことで、私達子供の遊びのため、どのくらい山の木が減ったのでしょうか（山主さんすみませんでした）。

守備の時は、全員がグローブを持ってるわけではなく、グローブは強い打球が多く飛んでくるピッチャー、キャッチャー、ファーストの三人に優先的に与え、残りのポジションはほとんどが素手でした。だから手の怪我などは毎度の事でした。そして仲間同士で試合をする時は自分で「四番サード長嶋」とアナウンスし、打席に入ったものでした。そして少しでも自分が憧れの長嶋になった気分で遊んでたものです。

でも困ったことに東北人はほとんど巨人ファンが多く、私の仲間も十人中九人は巨人ファンで、その内七割が四番サード長嶋でした。それでも子供の遊びは成り立ち、三十分に一台位しか通らない車が来ると、プレーはストップ。お年寄りが歩いて来ると、またストップ。時には打ったボールがロータリの中心に立っていた柿の木に当たり、落ちてきた柿の実をキャッチし食べたりもしてたものでした。

また、試合に夢中になりベースに滑り込んだ時など、ヘルメットを被ってないため、石だらけの路上のグランドで頭を擦りつけ後頭部から流血し、小石が後頭部に残ったままという事もあり、私もその時の怪我で今でも後頭部に細かいハゲ（砂利っハゲ）が残っています。

また、先に述べたように、石だらけのグランドで曲ったバットなどでプレーをしてるため、考えられないようなイレギュラーバウンドや、ライナーでも曲って飛んできたり、プロの打球より難かしい守備で、また、小さな部落仲間で遊ぶため、六人対六人とかの試合も常々でしたので、七割打者八割打者もたくさんいました。そして無制限で遊ぶので、日が暮れボールが見えなくなり打席も多いと三十回くらいあり、一試合一人でホームラン十本等ということもたびたびありました。

一番困る事は、せまい道路のグランドのため、ボールが田んぼの中に入ったり山へ入ったりして、何個も無くなってしまう事です。

このように巨人ファンばかりで遊んでいたのですが、中には変った人もいて（私から見ると）、バットを横に寝かせ「俺は大洋の近藤和彦だ」なんて言ってた仲間もいましたが、その人は私達が相撲で栃錦・若ノ花と言ってた時、「俺は信夫山だ」と言ってました。やはりちょっと変ってたのかな。いや信夫山は福島県出身でした。

子供の遊びと長嶋さん

私が子供の頃夢中になった遊びに、メンコ（私の町ではペッタと言ってました）、ベーゴマ等が流行《はや》ってました。そして自分の好きな人が描かれてるメンコを集めて喜んでました。私は当然長嶋のメンコを集めました。そしてゲームの時、負けないようにと、メンコの下に固いボール紙を貼り付けて重くしたり、缶詰のフタを貼りつけたり、いろいろと工夫をしてたものでした。

ベーゴマも同じで、長嶋、千葉、川上、大下、王、張本、金田……その他色々な名前のコマが出てました。ここでも長嶋のベーゴマは負けて取られたくないため、学校へ持って行き、技術家庭科室のグラインダー（ヤスリ）で削ったり、鉛を溶かして重くしたり、強いコマになるよう工夫をしてました。しかし先生に見つかり、学校の池に全部捨てられ、夜、夢中で池に入ってベーゴマ捜しをしたりしてた事も度々ありました。

そして日曜日になると、ベーゴマの試合をするため、朝弁当を作り、ふろしきに包んで腰に巻き、自転車で隣の部落まで、自慢のコマをポケットにしまい、「どこの誰だか知らないけれど、誰もかみんな知っている」という月光仮面の歌や、「空を越えてラララ星のかなた、ゆくぞアトム、ジェットのかぎり」など鉄腕アトムの歌を元気に歌いながら勝負に行ったものでした。しかし遊

びに夢中になって、帰りが夜になり、何度も親に叱られたものでした。

その頃、私達の間で流行した言葉で「おう、かねだ、ひろおか（おお金だ、拾おうか）」というのがありました。もちろん巨人の王、金田、広岡の事ですが、子供心に流行《はやり》言葉の中に長嶋の名前が入ってないのをまじめにくやしがりました。でも長嶋を入れると、言葉も意味もつながりませんよね。

今私がその頃のくやしさを思い出し、長嶋をメインに何かつくりたいと考えたのが、次のような話です（一緒に空想してみて下さい）。

公園でジョギングをしてる王さん。そして落し物の一万円の札束が金田さんの顔になり、そこへ広岡さんがスーツ姿をビシッと決め散歩をしています。しかし背中しかみせない〔55〕番の男が金田さんの一万円札の束をポケットに入れようとすると、後ろからそれはまずい（松井）ぞと長嶋さんが声をかけるというストーリーです。最初から長嶋さんが場面、場面で「おう、かねだ、ひろおか、それはまずい」と声を入れ、最後に全員で長嶋さんを中心に「落とし物は交番に、ゴミはゴミ箱に、地球をきれいにしよう」なんて唱和する豪華コマーシャルが出来たら最高だろうと本気で思ってます。

金田さんが元気なうちに(?·) 誰かつくってください（出演料は想像もつかないけど）。

忘れられない金田の解説

私は高校を出て、世田谷奥沢の整骨院に住み込みで修業に入りました（一茂君も通院してました）。その東京での事です。

午前中は接骨の学校へ通い、午後からインターンをという、まだ専門学生の頃でした。学校から帰り部屋でテレビをつけると、巨人の試合がクライマックスをむかえていました。九回の裏2アウト、ランナー一、二塁で、バッターボックスに長嶋が入っていました（3―2で負けてた）。「頼む長嶋打ってくれー」と思いながら、テレビにかじりついていると、解説の金田正一さんが「シゲが打席でお尻をチョコチョコ動かし、バットが軽くゆれてる時は、調子が良く絶好調の証拠です。絶対打ちますよ」と言いました。その矢先サヨナラホームランが出ました。

こんなシーン、皆さんも数え切れないほど見てると思います。本当にファンが打って欲しいと願ってる時、期待通り打ち、ファンの心をスッキリと満足させてくれる。「これが長嶋だ」と思うとともに、「金田もたいしたものだ」と感心してたものでした。

この金田さん。長嶋がプロ野球デビュー時、4打席4三振と、我等がヒーローを手玉にとったように思われましたが、長嶋の向かってくる気迫のスイングに驚き、「これは大変な奴が出て来た

ものだ」と言われ、その後数々の名勝負を演じ、ずっとライバルでもあり、「シゲ」「カネさん」と呼び合い、良き友でもあったのです。金田さんは、後に国鉄スワローズから巨人に移籍し、長嶋と戦友になり、共に戦い、四百勝という前代未聞の金字塔を打ち立て、その後ロッテオリオンズの監督として優勝も経験しました。また、金田さんで一番忘れられないのが両手を広げ、片足を上げて腰を回すしぐさ、私もよく真似をして腰を「ボキボキ」鳴らし、スッキリとさせていました。これは我々の仕事でも使う技で、腰の矯正をして自力で脊椎より体調の調整をしていたのですね。

そして今でも金田さんは巨人ＯＢ御意見番として自分の経験を生かした意見を監督にも「ズバズバ」と言い、選手にも「走れ！　走れ！」「暖かい海外での調整なんて何を考えてるのかぁ」等厳しい愛のムチを放ち、巨人、いやプロ野球全体の発展を考え、奥の深い興味ある解説で、今も私達を楽しませてくれてます。

ヤクザも欲しがるホームランボール

私は東京でインターンをしてたため、プロ野球を見に行けるのは後楽園球場か川崎球場、神宮球場くらいしかありませんでした。その川崎球場で、巨人—大洋戦を観戦してたときです。長嶋のホームランが私の十列くらい前に飛んできて、大勢の観客が夢中で取り合った末、若い男の人が取ったのですが、どこから出てきたのか、映画で見る高倉健さんや菅原文太さんみたいにカッコよくはなかったのですが、着流しのヤクザ風の二人が勢いよく走ってきて、若い男の人を蹴りつけ無理やりボールを奪おうとしてました。

それでも若い男の人はボールを離さず、背を丸めて必死に抵抗してたところへ、ガードマンが来て二人のヤクザを連れ去りました。しかし五分くらいしたらまた戻って来て、再びボールを奪おうとしてました。またガードマンに連れ去られましたが、一瞬の出来事で、とても助けには行けませんでした。

私は当時、修業の身で、そんなに小遣いもなく、プロ野球を観戦できるのも年に一度あるかないかでしたが、その観戦で楽しいはずの一夜が何人かの心ない者によって気分の悪い一夜とされたのにはまったく腹が立ちました。それとともに、当時の球場警備の不備にも疑問をもちました。

若い男の人の根性も凄いと思いましたが、ヤクザも欲しがる長嶋のホームランボールは、さすがに「たいしたものだ」と感心しました。

長嶋の引退

誰しも自分の限界を悟るときがきます。それでも「まだやれるだろう」と頑張ってみる人、「これ以上は無理」とスッパリ諦める人、人それぞれですが、長嶋は後者のほうを選びました。というのも、その後の自分の道をしっかりと決めてたこともあったと思うし、これからの自分の将来にも自信があったからだと思います。

そして昭和四十九年十月十四日、「我が読売巨人軍は永久に不滅です」という名言を残し、選手生活を終えたとき、皆さんはどうでしたか。「ご苦労さん」と一緒になって涙を流した人、「やめないでくれー」と涙を流した人等々、たくさんいたと思います。

私は涙は出ませんでしたが、くやしい思いで、「なぜ引退するのだ!! たとえ二割しか打てなくとも不満は言わないよ。もう少し私達の前で躍動感あふれるプレーを見せ続けてくれ。夢と希望、そして、スカッとした気分をもっと味わわせてくれよ。頼む長嶋」と勝手に思っていました。でも長嶋は、そういう夢を私達ファンに与えられなくなったと思い、引退を決意したのでしょう。とても残念でした。

これまた自分勝手な思い込みですが、十月十四日の引退を、一日早めて十月十三日なら私の誕生日と一緒で、良い思い出になるのに、などと勝手に自分とダブらせてたものでした。

会って話をする機会などない私達長嶋ファンにとって、どんなことでも少しでも長嶋と係わりたいと思うのはおかしいでしょうか。たとえば、試験の受験番号に〔3〕が入ってただけでも嬉しかったのです。好きとはそんなものではないでしょうか。憧れの長嶋がグランドから去って、翌年からは野球も見る気がしないと思ってたら、すぐ監督として復帰。そのときは本当に心が救われた思いでした。

江川問題

高校時代から怪物と言われ、高二の頃約一六〇キロくらいの球速があったと言われ、甲子園では奪三振ショー。どの球団だって欲しくなりますよね。私の知ってる投手で打者の手前でホップするボールを投げる投手は、江川、東映の尾崎、阪急の山口くらいしか記憶にありません。球団としては、どうしても欲しい選手ですよね。

巨人が空白の一日を利用し(見つけ出し)、阪神に入団した江川と巨人の小林繁とのトレードで江川を入団させた時、世間が大騒ぎになった事は誰でも知ってると思います。新聞・雑誌どこを見ても巨人と長嶋を批判する記事ばかり。その世論に対し読売の反論はあまりなかったように思われますが、自分達も悪い事をしたと思ってたのでしょうか。

一般の人達は巨人のやり方に反発をしてましたが、それよりも小林繁が可哀想と思い、騒いだ人の方が多かったのではないでしょうか。私も小林繁は可哀想と思いましたが、それよりも怪物江川が長嶋巨人に入団できるという喜びの方が大きかったのです。

関係者、また巨人を愛するＯＢやファンは、どう思ってたのでしょうか。私の周りの人たちも一般的な考えの人が多く、私が書生をしてたとき、患者さんが「長嶋は汚い」と、私が長嶋ファンと知ってて、わざとからかってきた人がいました。その時は本当に頭にきて、私達にとって神様である患者さんに向かって「何で汚いのだよ。巨人はそれだけ江川が欲しくて、いろいろと努力をして空白の一日という穴を見つけたんだよ。他の球団もどうしても欲しかったなら、そのくらい努力をすればいいんだ。巨人、長嶋が汚いなんてとんでもない」とやり合ってしまいました。

今思うと、院長に知れたら大変叱られるところでした。いや、知られてたかも。その頃から院長が朝、

「おはよう田中君。巨人勝って良かったね。君の前で巨人や長嶋の悪口言うと機嫌が悪くなるからね」

と言われたことがありました。院長は何でもお見通しだったんです。

私も若かったが、今でもあの〝空白の一日〟は、巨人が悪かったとは思ってません。

勘ピューター

長嶋は選手・監督時代を通して〝勘ピューター〟といわれてました。でも、勘っていったい何なのでしょうね。

選手時代はそれで素晴らしいプレーを見せてくれてて良かったのですが、監督になってからは「自分の勘だけで采配している。だから選手がとまどう」など、批判の声をよく聞いたものでした。

しかし勝負の世界に身を置く限り、誰でも少なからず勘で物事を決する時があると思うのです。たとえば、競馬等のギャンブルで、普通に考えれば必ず強い方から券を買いますが、それでは少ない配当にしかなりません。そこで〝第六感〟が働き、弱いところから買った券が大当りし、大変な喜びを得られる事もあります。

そもそも勘とはその事に関してしっかりとした基礎があって初めて働くものだと思います。

野球は確かに定石通り動いて、定石通り働けば常識的な結果を得られるし、失敗しても誰にも責められる事はないでしょう。しかしそれではゲームも楽しくないし、力のあるものには勝つ事ができないと思うのです。

私が長嶋の勘が一番凄かったと思ったのは、新浦投手を起用し続けた時だったと思っています。

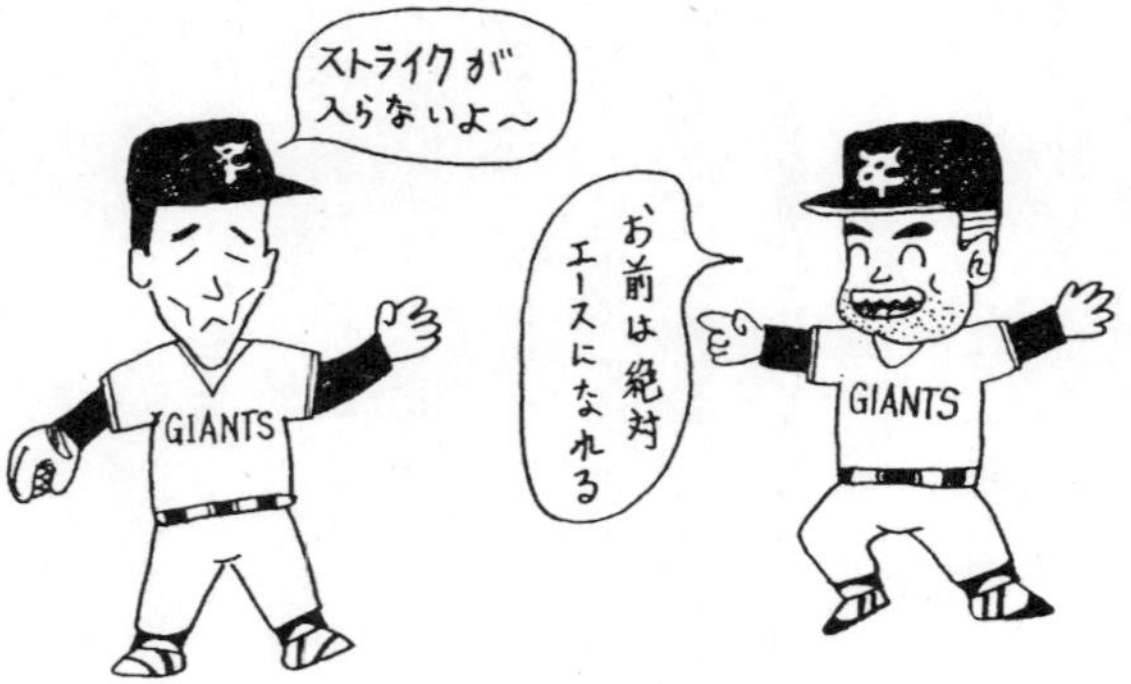

投げても投げてもストライクがとれず、ランナーをため、そして打たれる。何回、いや何十回とそんな場面を見てきました。

評論家の人達やファン、同じチームの仲間からも、「いつまで新浦を使い続けるんだ」とかなりの批判を受けつづけたのにもかかわらず、長嶋は新浦を使い続け、ついに左のエースに育ててしまったのでした。

確かにその時は高い代償を払ったかも知れませんが、「新浦は絶対エースになれる」と信じ、使い続けたのは、長嶋の発揮した勘の中で一番凄かったのではないかと思います。そして長嶋の芯の強さ、選手を見抜く力、やさしさ思いやりを感じた時でもありました。

東北人の怒り

東北地方は都会に比べ、確かに人口は少ないです。しかし、巨人や長嶋を応援するファンの比率は、都会に負けないくらい高いと思います。

これは東北に限らないことだと思いますが、巨人が負けると会社で若い社員の仕事がやりづらくなって、能率が下がり、営業や経営成績が落ちてしまうのです。何故？　それは長嶋と同世代の人達が、社長、部長、課長と役職の者が多く、その人達が機嫌が悪くなり、グチをこぼしたり、部下をささいなことで叱ったりして、若い人達の仕事がスムーズに行かなくなったためと言われています。そのくらい巨人・長嶋の存在が社会に与える影響は凄かったのです。

多くの会社がこのような状態ですので、巨人が負けたときの経済効果も下がってしまうこともあったようです。

一九八〇年代、私が接骨の東北ブロック学会で青森に行った夜、居酒屋で仲間とおいしい魚をつまみに飲みながら、テレビで巨人戦の野球中継を見ていました。時計の針は八時四十五分。試合は接戦で盛り上がってましたが、突然テレビの画面に「一部の地方を除いて、このまま野球中継を続けます。」という字幕が出て、野球終了の音楽と共に画面から消えてしまったのです。とい

うことは、一部の地方では面白い場面なのに中継終了ということです。

そのとき、周りで飲んでた地元の人が「馬鹿野郎。一部の地方って俺達の事言ってるんだ。ふざけんなよ」と、青森弁（青森弁は忘れました）で怒っていました。そして「マスター、ラジオ、ラジオ」と言い、テレビ中継からラジオ中継に切り替えました。マスターも慣れたもので「アイアイサー」と八時四十五分にはセットしてあり、放送終了まで聞いているのです。本当に皆野球の好きな人ばかりでした。

でも確かに怒りたくなりますよね。同じお金を出してテレビを買い、電気料金も払ってるのに、同じゲームを楽しんでいたいのに、一部の地方はたとえ長嶋が打席に立ってても終了してしまう。たとえ視聴者数は少なくとも視聴率は高いはずなのです。そして一人ひとりの長嶋や巨人を愛する気持ちは、他の地方の人たちと同じなのに……。そのときの青森の人達の怒った気持はよくわかります。今は全国どこでも終了時間は同じだと思いますが……。

オシャレ　スタイル　周りの目

あらゆるスポーツ競技で、現役を退いた後でやせるスポーツは、世界中でも相撲だけだと言われていますが、長嶋は六十を過ぎた今でも現役時代と体型がほとんど変わってないそうです。いかに常日頃、規則正しく節制をしているか想像がつきます。以前テレビで、朝早く田園調布の土手を散歩しゲートボールをしているお年寄りと楽しく話をしてたところを見た事がありますが毎日の散歩等をかかさずしているせいなのでしょうか。

私は二十四歳で4段をとり、柔道を退き現在まで十キロくらい太ってしまいました。他のスポーツをしてた人達もほとんどは私と同じようなペースではないでしょうか。

セコムや三陽（商会）スーツのコマーシャルで見る長嶋は、本当に「スカッ」としてスタイルがよく、うらやましくなります。

私はネクタイが大の苦手。別に柔道で首をしめられてる感じがするとかいうわけではなく、肩が凝ってしまうので嫌なのですが、長嶋がネクタイをしてスーツを「ビシッ」と着こなしてる姿は、年令を感じさせないほど決まってて素晴らしいものです。もちろんユニホーム姿の監督スタイルもどこかの監督と違い、お腹が出てるわけでもなく、時にはサングラスをかけてみたり、オシャレに関してもかなり気をつかってますね。

また、長嶋は現役時代から飛行機や新幹線等、人に注目される場所では、わざと経済新聞や週刊読売等むずかしそうな本を、他人に見えるようにもっていたという事も本で読んだ事もあります。しかし中身には全く目を通す事はなかったみたいですが、やはり自分はスターであり、常に周りから見られてるという意識がそうさせたのでしょう。

いつも漫画本ばかりみてたのでは、「頭の中が疑われる」と思ったなんてことはないと思いますが、自分を恥ずかしくない人間に見せようとする努力をしてたのだと思います。だからいつまでもスターでいられるのでしょう。我々も長嶋や由美かおるさんのように、自分の体の手入れを怠らないようにしたいものです。

ライバルについて

ライバルとは、相手を憎しみ蹴り落とし、自分が優位に立とうとする関係にある人なのでしょうか。いやそれは違うと思います。本当のライバルとは、相手を知り、自分を見つめなおし、相手以上になろうと努力し自分を高める関係を言うのではないでしょうか。

長嶋においてのライバルとは、どうだったのでしょうか。初めはライバルとはみていなかったかも知れませんが、デビュー時の金田さん。4三振を奪われ、周りから見ても全然問題にならず、とてもライバルなどとは言えそうもありませんでした。しかしそれでも金田さんは長嶋の気迫のスウィングに驚き、初対決で終生のライバルになるだろうと感じ、長嶋も今はおこがましくライバルなどとは言えないが、そのうち必ず金田さんを打ち込みライバルと認めさせようと頑張り、その後はライバルと呼ばれ数々の名勝負をし、お互いを高めてゆき今では良き先輩、友としての付き合いをしています。

またライバルとして忘れられないのが、今は亡き阪神タイガースの村山実投手ではないでしょうか。ダイナミックなオーバースローから、逃げることなく速球をビシバシ投げ込み、長嶋に対して闘志むき出しで向かってきてたものでした。そして初の天覧試合で、天皇陛下の前で長嶋にサヨナラホームランを浴び、苦い思いもしたが、お互い野球史に名前を残すことになりました。

でも選手を終えてからも村山さんは、「長嶋さん、長嶋さん」とライバルを越えた尊敬の言葉で、長嶋について話されてるのを皆さんも度々聞いていたと思います。


では一般社会のライバル関係はどうでしょう。

まず恋のライバル。一人の異性を何人かが好きになった時、絶対と言ってよいほど、相手をほめる事はないでしょう。必ず相手の欠点をある事ない事まで噂にしてしまう事が多いと思います。「誰々さんは他の娘にも毎日電話をしてる」とか「あいつは毎日仕事もせずにパチンコなど遊び回ってばかりいる」など、とにかく自分でも思いもよらぬような噂が耳に入ってくることがあります。

仕事上のライバルにおいても「あそこのスーパーは三日くらい前の古い野菜が並べてあり、くさってたよ」とか、「どこどこの食堂はドンブリがよく洗ってないから汚いよ」など、とにかく信じられないような噂がたってくる事があります。これはもうお互い自分の欠点を直し技術を高めるライバルとは言えず、完全に敵です。

いま、長嶋のライバルとして金田さんと村山さんをあげましたが、まだまだライバル達はたくさんいたと思います。その中でやはり一番の良きライバルは王貞治さんだったでしょう。ワンちゃん（王さんの愛称）が打ったら「よし俺も」と燃える男の本領をいかんなく発揮しようと打席に向かい、逆にチョウさん（長嶋の愛称）が打ったら「俺も負けずに打たなくては」とお互い相手の上を行こうと頑張って努力をする。そして互いの技術向上につながる。これが本当のライバルではないでしょうか。

そしてもう一人忘れてはいけない人がいます。「長嶋はひまわりで、俺は野に咲く月見草」と言ってる野村さんです。でも先のたとえからすると、もう最初からライバルというより自分を下げて話してるので（本当の心は違うと思うが）ライバルとは言えないかも知れません。その他ライバルとは言えないかも知れませんが監督経験者である田渕、星野、山本浩二。皆長嶋に対しライバルと思ってるかどうかは別として、長嶋に憧れプロ野球に入った人達ばかりです。

このように長嶋のライバルは互いに相手をけなしたりせず、互いを高め、そして最後は全員良き仲間となってしまうということが多いようです。長嶋の人を引きつける魅力はたいしたものだと思います。

そしてその他にも、王と江夏等、数々の選手同士のライバル対決は数えきれないほどあるのに、4三振の金田、天覧試合の村山と長嶋の対決しか記憶に残ってないのは、ただ単に私が長嶋が好きだからだけなのでしょうか。

とはいえ今までいったことは、あくまでも素人の私が個人的に思った事であり、実際長嶋が引退後に語った言葉の中に、「私には真の意味でのライバルは一人もいなかった」とあり、「自分では他人の事を気にするだけのゆとりがなく自分の事で精一杯だった」ようです。でも勝負の世界では、自分でライバルはいないと思っても、周りは必ず誰かをライバルと決めつけるのは仕方がない事だとも私は思うのです。

ヤキモチ

私の町に焼き餅屋さんがあります。餡の入った草餅を焼いて売っているのですが、餅を焼けば熱くなるのが当然で、焼いてすぐに口にするのは熱すぎるので、少し冷ましてから食べるのが普通です。熱すぎると火傷をしてしまうこともあります。

人のヤキモチも同じようなものだと思います。

さて、ここでいうヤキモチは、食べる餅とは違い、人と人との間にあるヤキモチ（ジェラシー）です。男女間で一般にヤキモチといえば、自分が好きになった人が他の誰かと楽しそうに話しをしてたり、仲良くしてる姿を見ると、なぜか自分の心が面白くない衝動にかられてしまうといったことです。自分が好きな人は自分にだけ振り向いてほしいという独占欲にかられてしまうのが普通ではないでしょうか。

食べ物や好みの色にしたって、相手が自分と同じものが好きだとわかっただけで嬉しいし、別の色が好きと言われただけでがっかりしたりすることもあります。

私の先輩の先生が、ある飲み会のとき、こんなことを言ったことがあります。

「田中先生、男は誰だってヤキモチ焼きだよね。たとえ仲間であっても自分の女房が自分以外の男とダンスをしたり、カラオケでデュエットをしている姿を見ると、別に何かが起こるわけでもないのに面白くないし、顔には出さないけれど本当に嫌なものだよ」

と酔いながら私に打ち明けてくれました。酔っているときは本音だと思いますが、私もその先生と同じ気持ちなので、今まで自分では恥ずかしいと思ってたヤキモチが、六十歳を過ぎた先生にもあるのだなと、心が救われました。

男とは自分勝手なもので、週に幾度も夜遅くまで飲み歩き、午前一時や二時に帰宅しても、少しも悪いと思っていません。でも、女房が学校のPTA会議やバレーボール大会の反省会などの打ち上げで飲み会があるときなどは、「年に二、三度なのだから、たまにはゆっくり楽しんできたら」と心から送り出したつもりでも、時計の針が九時を回った頃に帰ってこないと、なぜかイライラしたりします。また、女房の女友達だけで「三年B組の先生、素敵だね、C組の先生もカッコイイね」などと楽しく話してるのを聞くと、あまりよい気持ちになれません。みなさんも、こんな気持ちになったことはありませんか。

本当にヤキモチとは厄介なものだと思うとともに、やはり「自分は女房を好きなのかなぁ」と認識させられるときでもあります。

さて、一般論はここまでとして、私が書きたい長嶋にかかわるヤキモチとは、次のようなことです。すなわち、私がまだ若い頃のことですが、自分が好きなものを長嶋も好きだったらいいなということでした。

三、四十年前は、野球以外のことで私が長嶋のことについて知るための情報源は、テレビや雑誌の対談くらいのものでした。「週刊平凡」「週刊明星」など若者向け雑誌に、よく有名人の対談があり、長嶋と相撲の柏戸の対談が楽しそうに写真入りで載せてあったりしました。その姿を見て、「私は大鵬が好きなのに、どうして長嶋は大鵬と仲良くしないで、柏戸なのだろう」などと真面目にヤキモチを焼いてたこともありました。

でも、テレビや雑誌は、あくまでもプロデューサーが書いた筋書きにのっとって設定してあるわけで、個人個人のファンの好き嫌いなどとは関係なく、どんな相手との対談だって、楽しそうにおしゃべりしなくてはならないわけですよね。

そんなことを知らず、私が子供の頃は「どうして自分と長嶋は好みが違うんだ」なんてがっかりしたものでした。

さすが年齢を重ねた今では、世間のいろいろな裏も表もわかってきて、長島が誰と仲良くしようとヤキモチを焼くことはなくなりました。が、あの頃の世間知らずと言おうか、純粋さが今では懐かしく思われます。

OとN

長嶋といえば王を忘れることはできません。Ｖ９時代を支えO・N砲と呼ばれた二人のスター。この二人を比べるようなことはあまり好きではありませんが、長嶋から王を外すわけにはいかないくらい二人の共存性は強いものがあります。

ホームランを打てばベース上を飛び跳ねるように回る長嶋、喜びを表に出さず黙々とベースを回る王。全く対照的です。

Ｖ９時代、柴田、土井、王、長嶋、末次、黒江、国松、森、坂崎、宮田、堀内と数えたらキリがないほど名選手はいましたが、O・N、この二人だけは特別な存在だった事は皆さんも知っての通りでしょう。

記録の王、記憶に残る長嶋、二人共大スターでした。

普通一人の人を好きになれば、ライバルであるもう一人のほうはあまり好きになれないのが人情だと思いますがこの二人のファンは決してそんな事はなかったように思います。そのくらい個々の存在が偉大だったためでしょう。

では人気となると、どうだったのでしょうか。長嶋は空振りをした時、帽子を大きく飛ばし、し

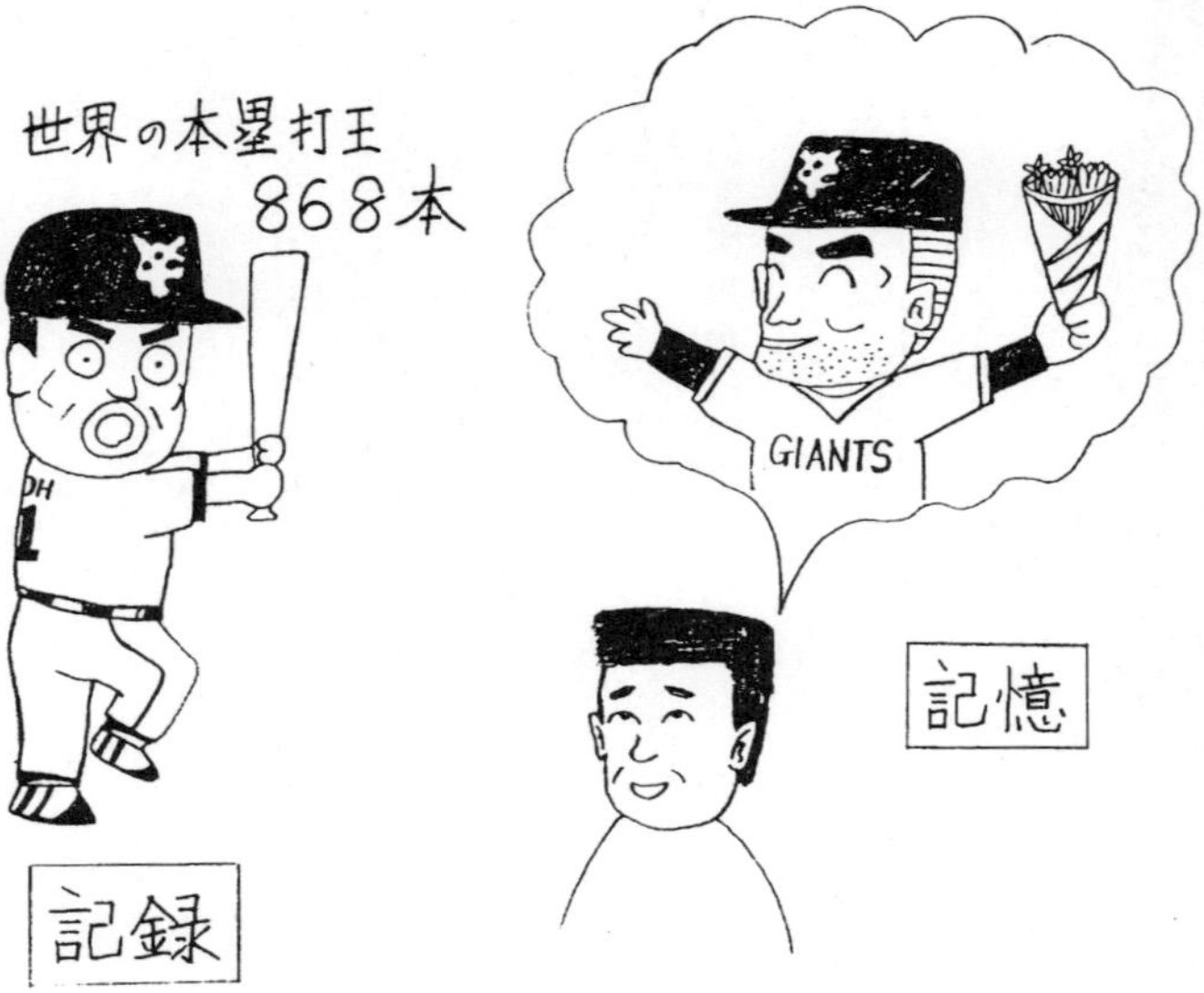

りもちをついたり、易しいゴロをわざとむずかしくみせてさばくハデなアクション。ホームランを打てばスキップを踏んでみたり、ベースを踏み忘れるなど、とにかくファンを喜こばせてくれました。

それに対し、むずかしいゴロも簡単にさばき、ホームランを打っても逆転とか記録のかかったホームラン以外は笑いもせず、黙々とベースを回ってた完全主義の王さん。私はどうしてもオーバーアクションとわかってても、明るく見れる長嶋の方に心がいってしまいます。

それともう一つ。王さんには大変失礼とは思いますが、やはり長嶋は純日本人であり、長嶋よりも数々の偉大な記録をもつ王、金田、張本が人気の上で長嶋の上に立てなかったのも二世ということも関係したのかも知れません（本当にすみません。でも今の時代はそんな事はなくなってきてると思います）。

また年俸においても常に長嶋が上を行き続けていましたが、王が五十五本のホームラン日本記録を出した翌年頃から、いつ長嶋を逆転するのかと思ってましたが、人気と先輩という立場を考慮して、引退するまで長嶋の方を上に置いたのは、二人の関係をより良く保たさせるためには読売球団の判断として本当に正解だったと思います。それが昔の人達の情に訴え、世間も納得させる方法だったのでしょう。

二人の関係はお互い選手を終えてからも、いつまでも良い関係である事は色々と対談を読んでいてもよくわかります。

話がちょっとずれるかも知れませんが、私は野球は四番最強説をとってましたが、長嶋は松井を三番に置き、三番が一番大事と三番最強説を唱えた事がありました。しかし私は四番サード長嶋で育ったせいか、なかなか納得ができません。単純に考えても一番二番が四球で塁に出てホームランを打っても三点。ところが一番、二番、三番が四球で出てホームランが出れば四点。四番が一番大事で最高の打者がいるべきのように思われますが、どうして三番最強と言ってたのでしょうか。もちろん深い意味があるとは思いますが、やはり大リーグ通の長嶋ですのでそちらの影響も多分にあるのでしょう。現役時代長嶋は四番で王が三番の時、長嶋自身三番の王が最強打者と思ってたのでしょうか。

それはともかく、O・Nは現役で共に相手投手を力でねじ伏せ、長嶋は生涯巨人、王は巨人からダイエーの監督と道は違っても、同じ野球人として常に仲間、友であり、そしてライバルとして、これからもプロ野球発展のため、新しいスターづくりに一層の御活躍をされるよう心から願っております。

勇　気

物事を恐れずに立ち向かう意気のことを勇気といいます。が、逆に無理と思ったらさっとやめるのも勇気だと思います。野球において周りの意見を聞く事は大事ですが、雑音を気にせず自分が見込みがあると思えば我慢して使って育てるのも勇気だと思います。長嶋の場合、選手時代にショートの前まででしゃばり、ゴロをさばく点、ショートにも評論家にも、「何だ」と思われた事も幾度もあったでしょう。でも野球をビジネスとしてファンを楽しませるため、むちゃと思われるのを承知でも自然と体が勇気を出してしまうという動物的な勘というか反射神経の良さというか、とにかく動いてしまうみたいです。

私達凡人はどうでしょう。何かをする時は必ず頭の中で計算をし、考え過ぎ一歩遅れてしまいます。「どうしようか、どうしようか」と思っているうちチャンスを逃してしまった事がありませんか。そして後になって「なぜあの時もう少し早くできなかったか。なぜあの一言が言えなかったか」など、反省を繰り返す事が多いですね。でも決して考え過ぎて行動に出る事が悪いとは言えません。あまり出しゃばり過ぎて反感をかい、とんでもない事になる事もあるのです。

でも長嶋の野球においてそれはなかったように思われます。とにかくきたボールを叩き、きたボールに無理と思っても飛びつく。その結果エラーをしても、捕れなくとも、とにかく思い切り動くことにより悔いを残さないプレーを心掛け、誰に何と言われようとファンに共感を与え、反省のない勇気をみせてくれました。

監督になってからもたくさんの勇気を見せてくれました。開幕のロケットスタートを公言し、選手と自分にムチを入れる。失敗すれば世間に笑われることを承知で言うのも勇気ではないでしょうか。それともただの思いつきでしょうか。そして選手を育てる事の勇気。「こいつは絶対ものになる」と思えば、打たれても打たれても使い続け、また打てなくとも打てなくとも使い続け、名選手にしてしまう。自分で見込みがあると思えば簡単には見捨てない。やれるだけの事はやらせてみる。世間に何と言われようと信念を貫き最後まで面倒を見てしまう。その勇気で野球生命を助けられた選手が幾人いたでしょうか。

よく長嶋は「欲しい欲しい病だ」と言われますが、もちろん有力選手を欲しくともとれない球団の人達はうらやましがるでしょう。反感をかいながらも良い選手を集め、全球団より攻撃目標にされ、試合ではエース級をぶつけられ、苦しい戦いをしています。それでも勝てなければ「全員四番打者で勝てない。何をしている」と責められるのですから、それを承知で良い選手を集めるのも勇気かも知れません。我々が全部見習えるわけがありませんが、とにかくどんなことでも恐れずに、素早い決断力と、信じ続ける勇気は見習うところがたくさんあると思います。

監督解任

長嶋ファンの皆さんは、必ず巨人が優勝しなければ駄目と思ってますか？　そんなこと思っていませんよね。

長嶋ファンは、巨人が二位だろうと三位だろうと関係ない（できれば優勝して欲しいですが）のですよね。ただ長嶋がテレビに映り、グランドに立ってさえくれていれば満足なのですよ。

しかしあのとき、Ｖ９時代の豪華メンバーが去り、自分が育てた若手の中畑・篠塚など、地獄の伊東キャンプで共に汗と涙を流し、心を開き合い、一心同体となり、一緒に優勝を目指し一致団結し、そして若手が力をつけ来年こそはと期待をし、Ａクラス条件で留年と報道があったのに、突然の解任。長嶋の無念さが私達ファンにも伝わってくるとともに、「ふざけるなよ巨人」と頭にきて、翌日から報知新聞をやめ、他のスポーツ紙と取り替え、翌年からプロ野球はまったく見ませんでした。

全国のファンの皆さんもそうだったと思いますが、私の周りにも同様の人がいっぱいいました。そしてその後に出版された長嶋に関する本は、すべて読み、解任にかかわるＭは誰だ！　Ｋは誰だ！　Ｓは誰だ！　と想像し、その黒幕達を本当に憎いと思いました。

本当か嘘か私にはわかりませんが、本の中で監督が盗塁のサインを出した時、巨人の選手が「次、走るよ」と相手チームにサインを送ってたなど、巨人をBクラスに落とし、長嶋を辞めさせるため、随分酷い事をしてたもので、「これじゃ巨人が勝てるわけない」と思いました。

これはどの球団でもあることかも知れませんが、子供に夢を与えるプロ野球が政治家のように裏工作をし、人をおとしめる醜い争いはして欲しくないと思いました。長嶋解任後、新聞の部数は激減。ファンからの多くの苦情、そして巨人人気急降下など、読売関係者及びプロ野球関係者の人達は、身にしみて長嶋人気のものすごさを思い知らされたと思います。が、また後に同じ過ちを繰り返そうとしたのには驚かされたものです。

渓流釣りの名人

長嶋が解任され、長い長い充電期間があったとき、当時の横浜大洋ホエールズ（現・横浜ベイスターズ）から監督就任要請があった話は有名です。そのとき、どの球団でもいいから監督になって球界に戻ってきて、巨人を長嶋個人の力で見返してくれと願ったものでした。でも引退の時、「我が読売巨人軍は永久に不滅です」と選手を終えた、あの言葉に示されるが如く、監督としても他球団のユニホームを身につける事なく、私達ファンをやきもきさせてくれました。

生涯巨人だけという気持ちは分かりますが、いつまでも球界に戻らない長嶋に対して、「長嶋茂雄なんて、もう嫌いだ」という本も出ました。この本は「世の中にたえて桜のなかりせば春の心はのどけからまし」と私が高校生の時習った在原業平の和歌と同じような意味で、本当に長嶋が好きで好きでたまらないのに、どうして早く戻ってきてくれないの、こんなにファンが待ってるのにじらす貴方は嫌いだ、という本でした。

しかし、長嶋が去ったプロ野球の人気は、徐々に下降線を描きました。評論家の人達の仕事も減り、皆野球教室等で地方を回り小遣いを稼いでた頃のことです。私の町富岡は、福島県の浜通

りで、今は原子力発電所と桜の町として知られています。東に一キロ行けば太平洋。西に三キロ行けば山となり、延々と百キロくらい山が続きます。

秋には紅葉が素晴らしく、近くに木戸川渓谷、夏井川渓谷、多くの人々が目の保養に訪れます。

また西の窓から太平洋が見える極く珍しい鉄道線路もあります。その私の町から四十キロ北へ行くと、原町市があります。夏は相馬野馬追いで全国的に有名な騎馬戦・旗取り合戦がおこなわれます。といえば知ってる方が多くいると思います。原町も私の町と同じく、山は深く、人があんまり入れないような渓谷がたくさんあり、渓流にも人間にいたずらされないため、岩魚等がたくさん泳いでます。

その原町市にある超大物評論家が野球教室にきました。

その大物評論家は渓流釣りが大好きで、近くで大物岩魚やヤマメがたくさん釣れると聞き、野球教室を終えてから釣りに行きたいと言われたので、地元のお偉いさんが渓流釣りの名人に頼み、同行させようと連れてきました。しかし名人は大の長嶋ファンで、解任に係わった黒幕の大物評論家を見たとたんに、「ふざけんな！　何で俺がお前を釣りに連れていかなければならないのだ‼」と一喝、断ったそうです。

素晴らしい景色、澄んだ空気の渓流で、大きな岩魚を釣り上げることを楽しみにしていたのに、まさか地方に来てまで、自分ほどの有名人が一般人に怒鳴られるなんて信じられなかったでしょう。

大物評論家は、世の中何でも自分の思い通りにはならないということを思い知らされ、信じられない気持ちで帰っていったそうです。その話を私の同業者の先輩に聞き、胸がスカッとしたものでした。

Jリーグ発足

長嶋が充電してる間、前に述べた通り、野球人気は下降線を描き、それに代わりサッカー人気が野球を逆転してきました。私の町でも子供達は、「カズ」だ「ゴン」だ、「オーバーヘッドキック」だなど、サッカーの話題で持ちきりでした。

そして私の町の近くに学校唱歌で、「今は山中今は浜今は鉄橋渡るとて思うまもなくトンネルに闇を通ってひろのはら」と歌われてると言われてる広野町と楢葉町にかけて、Jヴィレッヂという世界最大のサッカー練習場ができ、プロの選手もたくさん練習にきています。

老若男女みなチャンスがあれば、Jヴィレッヂで「プロの選手を見たい、話をしたい、サインがほしい」など大騒ぎで、遠く県外からもたくさんの見物人が訪れてます。

そんなわけで子供はみんなサッカーにとられ、地元の少年野球の監督、コーチは、選手も集まらず、試合日程も組めず、かなり参ってたものでした。

私の患者さん達も、中学時代、野球部で頑張ってたのに、高校へ行くと約七割がサッカー部に入部してしまうほどの勢いでした。

ある時、高校生に「なぜ野球をやめて、サッカー部に入ったの」と聞くと、「今は野球はダサイ

よ、サッカーの方が女にもてるんだよ、先生」と言われました。こういう状態ですので、その頃の野球評論家の人達の仕事が減ってきた事は、想像できると思います。

当然、野球教室の仕事も少なくなってきて、大変だったと思います。

そこへ、長嶋監督復活。その瞬間から、一気に野球人気が勢いを盛り返しサッカー人気を一気に逆転しましたのは、皆さんも知っての通りです。そして、評論家の人達もまた仕事が増え、色々とテレビ等に顔を出すようになりました。その時の事を考えれば、いかに長嶋の人気が凄いか、そして、自分達が長嶋采配に対し「投手の交代が早い、遅い」など、批判の屁理屈は言えないはずです。

評論をするにも、長嶋の名前を出さないと世間に興味を持ってもらえないので、やむを得ず書いたとしても、恩を仇で返すような事はしないで欲しいと思います。

私は、あまり人のことを嫌いだなんて言ったことはないのですが、もちろん、評論家の人達とも話した事もないので、本心も、性格も、全く解りませんが、やっぱり長嶋を悪く言う人は嫌いです。先ほどの釣りの名人みたいな人が、いつ貴方達の周りに現われるかも知れませんよ。

そして、当然、長嶋を良く言ってくれる人達は好きになります(全く自分勝手な考えとは、思ってます)。

名古屋決戦

一九九六年十月八日、巨人が優勝を掛け名古屋球場で中日との最終戦を挑んだその日、私は試合時間が近づくにつれて胸はドキドキ、喉は乾くし自分の結婚式よりも、緊張してました。まだ診療時間の終わらない六時頃から終了の七時までの長い事長い事。患者さんには本当に悪かったと思いますが、仕事をしてても「心、診療室に在らず」で、二階のテレビに心がいってしまい全く不謹慎でした。

話は戻りますが、その十日位前のゲームで、巨人が、一点差で勝っていて、中日と広島を猛追してた時、テレビを見てるのが辛く、パチンコ店に逃げ出してしまい、終了の頃を見計らって家へ帰ったら、長男が嬉しそうに、「お父さん、巨人逆転負けしたよ」と喜んで言いました。その時の、長男の顔が本当に憎らしく思えたものです。

と、言いますのも、私の妻は名古屋出身なので、そのためか、長男は大の中日ファン。妻は「私は、どちらでも」などと言ってますが、私がテレビで長嶋を見てニコニコしてると、「馬鹿みたい」なんて笑われるので、本当は中日ファンだと思います。

次男は、巨人ファンです。私は常々人と話していて「もし目の前で海に人が落ちた時、迷わず

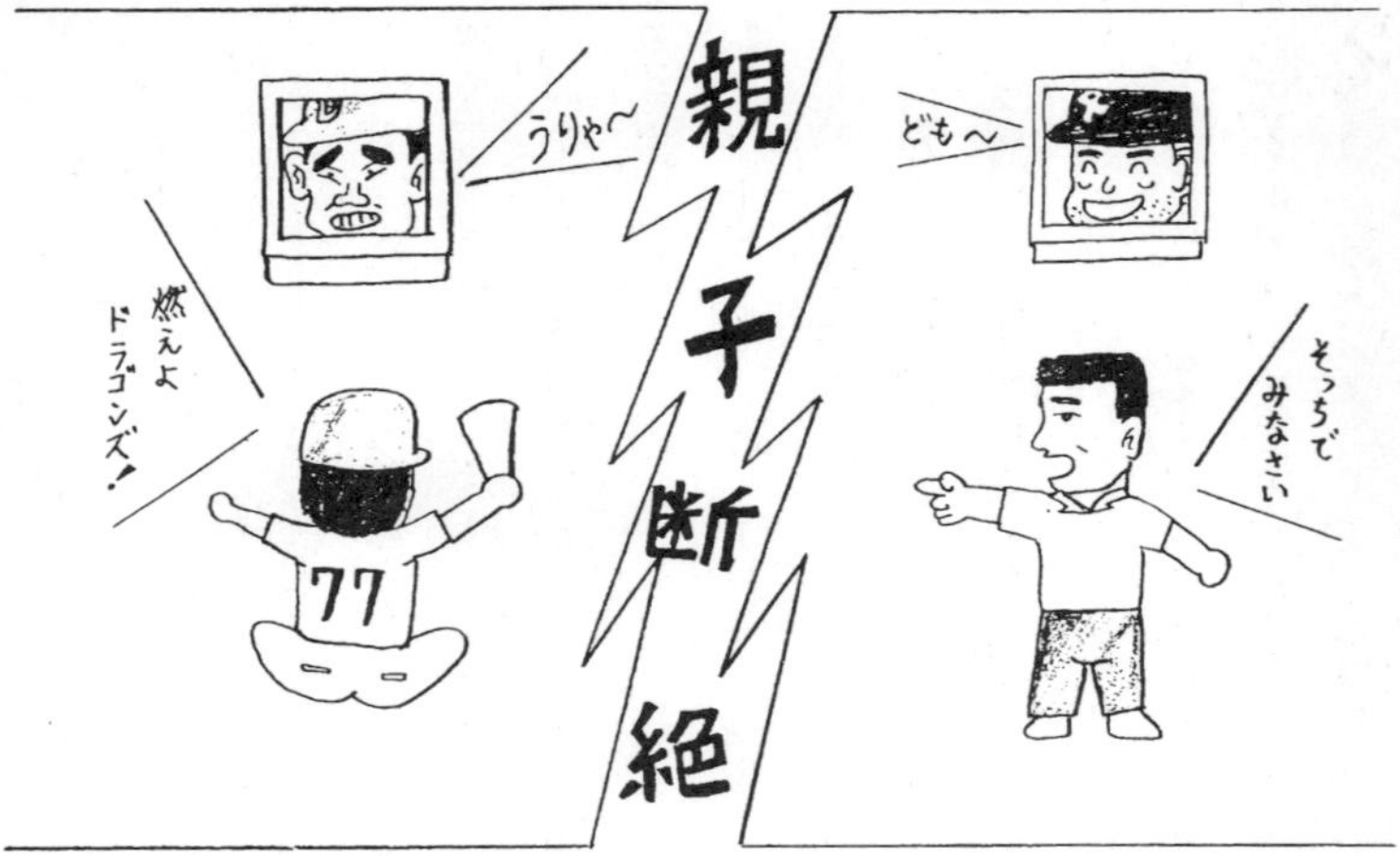

飛び込み助けにいけるのは息子だけだよ」と言っているほど可愛い息子なのに一瞬でも憎く思うなんて、長嶋って私の何なのでしょう。
　そういうわけで、巨人が負けた時、長男は喜んで私に報告したのです。また話は戻りますが、名古屋決戦のとき、試合前、胃がキリキリと痛くなったので胃薬をのみ、テレビの前へ坐り込みました。長男には「お前は、自分の部屋でテレビ観戦しなさい」と、その時だけは、親子関係断絶を言い渡しました。
　結果は知っての通り、巨人の大勝。長男と妻には可哀想でしたが、私は本当に嬉しく思いました。
　後日、この想いを、私の仕事仲間にも伝えたくて、この想いを綴り、福島県整骨師会の会報に投稿しました。

徳光さんへ

ポッチャリした顔に細い目、いつもニコニコ人の良さがにじみ出てます。テレビで話をしていても常に控えめで相手を威圧するような態度は取らない柔らかな受け答え。そんな徳光さんは、長嶋が好きで好きでたまらなく、立教大学まで後を追い、今でも長嶋の話になると夢中になってる。あの姿「本当に好きなんだなあ」と、感服致します。

何か自分と想いが同じようで、本当に嬉しくなります。ただ感情の起伏が激しいようで、よく涙を流されますが、私は、柔の世界で育ったためか(?)そこまで人前で、感情が出せません。で、徳光さんの、その姿が羨ましく思われたり少し恥ずかしく思えたりしております。

特に世紀末優勝パレードの時、控えめに見える普段の姿が嘘のように、今にもビルから飛び降りそうなあの激しい感情をあらわにされ、私達を驚かせてくれました。危ないですよ。下はコンクリートですよ。私達長嶋ファンは、他球団が優勝してファンが川へ飛び込む姿を見て「なんてバカなことをしてるのだろう」と思ってるのと同じく、アンチ巨人はそんな気持ちで見てたかも知れません。でも巨人ファンは「危ないよ」としか思っていませんから安心してください。

それからもう一つ。先日私が徳光さんと電話でお話をした時、「私は、長嶋さんの一ファンとして、いつまでも応援したいので、たとえ一緒の仕事をしても絶対同等の立場にはならないつもりです」と言われました。その言葉に私は感動致しました。徳光さんは、これからも一生、長嶋茂雄を応援していくと思いますが、私も、徳光さんと同様、長嶋茂雄を応援して行きたいと思います。

競馬は、いつも大穴狙いですが、野球は、いつも巨人の頭ですね。一つお聞きしたいのですが、もし長嶋が他チームの監督になったら、やはり、そのチームを応援するのでしょうね。

私が今、綴ってるこの文も、徳光さんに一番最初に読んで欲しいと思ってペンをとってます。

絶好チョー

あのさわやかな笑顔、そして無邪気さ……といえば、やっぱり中畑清です。

彼ほど、選手長嶋に近づこう（似よう）と努力した人はいなかったと思います。明るさ、そして空振りをした時のしぐさなど、私も長嶋とダブッて見えたときもありました。中畑清も私と同じ福島県出身、そして長嶋に憧れてプロ野球へ入った人です。当然私も彼のことを好きになる、応援してしまう。エラーをしたあともなぜか責められないあのキャラクター。満足したプレー後の「絶好チョー!!」。野球ファンなら誰でも、いや巨人ファンならみんな、あの明るい性格にまいったはずです。アンチ巨人の人達はどう思ったか。　でも中畑が嫌いと言う人は、まずいなかったと思います。

私の待合室には十数年来、警察に頼まれ、中畑清のユニホーム姿の防犯ポスターが貼ってありました。さすがに長い間にはすすけてきましたが、最近まで大事に貼ってありました。

選手生活を終えて長嶋内閣に打撃コーチとして就任。しかしチームの成績が振るわず、すぐ責任をとらされるような形で解任。でも、その後中畑が、巨人や長嶋に対し恨みを言ったような事は一度も聞いたことがありません。潔《いさぎ》良かったですよね。

同県出身、そして長嶋に似ようとしてる中畑清。しかし中畑さんには、本当に申し訳ないが、私はどうしても長嶋が一番好きだ。今、グランドから離れ、色々とテレビ等で活躍してらっしゃる貴方を見てても、本当に東北人・中畑清は、長嶋茂雄が好きなんだなあという気持ちが、私達にも伝わってきます。

なぜそんなに

「なぜそんなに、長嶋が、好きなの」と、聞かれても、何と答えていいのか分かりません。別に、愛してる訳でもないことは、間違いないのですが……。

異性に関しては、私達が小、中学生の頃、クラスに必ず一人くらい好きな子がいたと思います。しかし学年が変わり、クラス換えをすると、また新しいクラスで一人、好きな子が出来てしまいます。別に浮気性な訳ではなく、誰でもそうだったと思います。そして高学年になると、学年の下の子を好きになったりします(今は、年上かも)。二、三年で何回も好きな子が変わる。何故だろう。やはり、いつも近くにいて、顔も見れるし、話もできるので情が入るからかなあ。

もちろん、映画やテレビスターも好きになります。毎年毎年、新しい可愛い子が出てくるので、自分の憧れの歌手や女優さんが変わってしまいます。話もした事のない異性を、いつまでも好きでいられるわけがありません。中学生の頃、友達が梓みちよが好きと言えば、私は園まりが好きとか、私が吉沢京子が好きと言えば、友達は岡崎友紀が好きだとか、どうしてもその時代のスターに憧れ、周りに対抗意識を持ってしまいました。しかし同性となると、ちょっと違います。私が子供の頃は映画館が町に一軒しかなく、上映も月二回ぐらいでした。三本立てで五十円なんてこともあり、面白い続編の映画となると二ヶ月ぐらい待たないと続きが見れず、心待ちにしてたものです。

その頃の映画で「里見八犬伝」とか「黄金孔雀城」とかで、主役の里見浩太郎に憧れ、学校から帰ると、自分の好きなキャラになりチャンバラをして遊んだものでした。今でも里見浩太郎が好きで、彼の出演するテレビは見ています。ではなぜ、長嶋が好きかと問われると、とにかく全てが私の憧れになってしまうからです。話、動作そして、突然、理解に苦しむ、おふざけ等全て……。こんなに、四十年間一人の人をず～と好きでいられる自分が不思議だと思います。自分で出来ない事、こうして欲しいと思った時に期待に応えてくれる勝負強さ、そして何よりあの明るさで、私の心をなごませてくれる。そして、自分も長嶋のようになりたいと、夢をもたせてもらえる憧れの気持ち……。女優さんと違い、雲の上の人であっても、もしかしたら、一緒に連れションでもしてくれるのでは、と思いたくなるような親近感。スターぶらない、ちょっとズッコケるしぐさ等、とにかくすべてが楽しいんです。他人から見ると、私も一人の自分勝手な長嶋評論家になってるのかも知れません。別に長嶋教に入っているのでもないのに……。まだ一度も会ったり話した事もないのに、今「貴方が世界で一番好きな人は誰ですか?」と聞かれたら、女房と答える前に、長嶋茂雄と答えてしまうでしょうね。

現在

毎年巨人は苦戦をしながら戦ってます。私も仕事をしていて患者さんにたびたび長嶋采配の批判を受けます。元教員で、ソフトボールの監督をしていた患者さんが、

「何であの投手を今日も使う。昨日あんなに悪かったのに」とか、

「何であそこで代打を使わないんだろう。長嶋は何を考えているのかな」

等々、いろいろと言われます。そのとき、私は良いか悪いか素人にはよく解らないけど、たとえ間違った交代であっても、それを選手がカバーすればよいのだが、悪いときは「ことごとく選手が監督の思った通り働かないのには、感心しますね」などと、仕方なく笑って答えるしかありません。でも、その方は、試合終了まで放送するパーフェクトテレビで、必ず巨人戦を観てるのですから、本当は巨人が大好きなのでしょう。

もう一人、元教員の方は、口に出しての巨人ファン。二〇〇〇年の開幕試合に巨人がリードしてたとき、電話をくれて、

「どうだい、今年の巨人は強いぞ、おいしい酒を飲んでるよ」

と、わざわざ言ってきました。しかし、その後、負けてしまいました。

また、巨人が勝ち続けてる時などは、「このまま行けば、優勝出来るかな?」などと、とても嬉しそうに話しかけてくれます。

私の遊び仲間に、アンチ巨人で、私の顔を見ると、わざわざ冗談で長嶋の悪口を言う人がいます。

「何だ、昨日の采配は。あんなに選手を集めて勝てないのなら、来年は俺が監督やってやるかぁ」

その他にもいろいろ言います。そうすると、私の気持ちを知ってる他の仲間は、私の顔を見て、「先生、気にするな、冗談だから」と、なぐさめてくれます。

いろいろ意見を交わすことは楽しいけれど、素人がいくら頑張ってもプロに勝てるわけがないじゃないですか。評論家がいくら批判しても、長嶋の野球を愛する気持ちに勝てるわけがないじゃないですか。少しくらい間違った采配をしても、長嶋なら許せるはずです。日本プロ野球界発展のために奮闘しているあの懸命な姿を、誰が批判できるというのでしょう。

勝てなくたって、いいじゃないですか! ガタガタと周りがあまり騒がないで下さいよ、「やめろ」なんて言うのはとんでもない話です。自分から辞めると言うまでは、周りは騒がないで欲しいんです。動けるうちは、いつまでも続けて欲しいものです。

新世紀へ

栄光の背番号〔3〕に惜別し、コーチ業も経ず、翌年監督へ、長嶋らしいと言えばそうかも知れませんが、背番号も〔90〕→〔33〕と変わり、その間、日本一の監督にもなりました。選手時には球界のトップを維持し、監督時代でも日本一を経験。もう何も長嶋茂雄個人には新鮮味も求められないはずなのに、世紀末になって、永久欠番であった〔3〕番の復活。その時、ファンの喜びは凄いものでした。キャンプ地宮崎に連日、栄光の〔3〕番復活披露の瞬間を見逃すまいと集まる報道人やファンの群れ。じらすように、なかなかウインドブレーカーを脱がない監督。他の人なら「何を、いつまでじらすんだ」と、ヤジの一つや二つは出ると思いますが、皆、じっとその瞬間を待ってました。

そして、ついに脱ぎました。「3」が見えたその時の拍手、歓声、まるで結婚式で新郎、新婦入場のように本当に凄かったですね。

そして、ペナント突入。当初、思い通りには勝利せず、「どうした巨人」と思ってましたが、後半はブッチギリの優勝。その間、工藤、江藤をFA（フリー・エイジェント）制で入団させ、またもや多くの人々に批判されましたが、二人の手助けで優勝できたといっても過言ではないと思います、皆さんは、どうお考えでしょう。

確かに、巨人には素晴らしい選手ばかり集まり、不公平と思う人もいると思いますが、一般社会においても、資本金の多い会社は良い品を多く仕入れるし、我々の食事にしても、お金持ちの人は何千、何万もするフランス料理を食べるのも仕方ありません。が、五百円のおかずで我慢する人たちもたくさんいると思います。プロ野球の世界でも、優秀な企業が優秀な選手（人材）を求めるのは、仕方がないと思います。

私達が安物の腕時計をかけてたとして、もしプロ野球選手や俳優さん達が、何百万円の時計をかけてたとしても、「へェー凄いなあ、私も腕にかけてみたいなあ」と、少しは羨ましがったり憧れたりはするかも知れませんが、「チクショウ、くやしい」とは思わないと思います。彼らはプロであってスターなので、それだけの才能、努力があったのですし、それを見て我々一般人が夢を見せてもらうのですから（この考えは、みなさんから批判も受けるものと覚悟してます）。

話は、戻りますが、世紀末O・N対決。なんと神は素晴らしい舞台を作り上げてくれたものです。この対決はあまり触れなくともいいと思いますが、王、星野監督をはじめとする他の十一球団の監督の皆さんも、本当は自分が優勝したかったとは思いますが、「ミスターなら、いやミスターで良かった」と心から祝福してた事と思います。神が描いたが如く、二十世紀をドラマチックに終えました。

今、東北地方では、プロ野球と巨人の人気が昔と比べ、約三分の二くらいまで減少してるように思われます。東北は、球団がないためもありますが、やはり選手を身近に感じられる、地方での試合の少なさに原因があると思います。松井、清原はテレビで知ってても、実際に見たことも話したこともない人がほとんどです、ファンあってのプロ野球です。貴方達、今はプロのスターですが、少年の頃はスターに憧れ、「見たい」「会いたい」「話したい」と思ったことは幾度もあったことと思います。もし地方に来て一万人の子供達と話をしたり、握手をしたりすれば、子供達の二千人ぐらいは、必ずその選手のファンになると思います。そのくらい地方では、本物には会えないのですから。

私の仕事も、患者さんの「痛み、悩み、どうして欲しいのか」など、自分自身が患者さんの気持ちになり、一緒に悩んであげないと、良い仕事はできません。球団経営者も、そして選手達も、ファンの心を理解し、そしてプロ野球はサービス業であることも忘れてはならないと思います。

仲間達

人には誰でも少なからず仲間がいると思います。

幼なじみ、学生時代の友、大人になってからの仲間、仕事仲間などいろいろあると思います。特に遊び仲間は一緒に話をしていても話題が同じため、一番楽しく感じられます。が困り事があり相談をすると、初めは一緒に相談にのってくれますが、楽しいことではないので、離れていくのも早いし、電話もかかってくることもなくなり、会いづらくなることもあります。これは仕方がないと思います。でも幼なじみや学生時代を一緒に過ごした仲間は三年くらい会ってなくとも、会えば話もできますし、悩み事も新身になって心配してくれます。

長嶋さんの仲間はどうでしょうか。

以前読んだ本の中で高校卒業後の進路についてプロ野球、社会人野球、大学と、たくさん誘われてた時、お父さんがノンプロ富士鉄のマネージャーに「まだ人間が甘いので、プロや社会人に入るより大学でもう少し人間をつくりたい」と言われました。そこで厳しい指導で知られる立教大学の砂押さんに話をつけてくれと頼んだそうです。そしてお父さんの思い通り立教大学の砂押さんに厳しく指導を受け、今の長嶋ができあがったという事でした。

その立教でも仲間に恵まれ、長嶋の六大学新記録となる八本目のホームランがなかなか出ず、四年の最終カードの慶応大学との三戦にもち込まれ、ラスト三試合に全てをかけてた時、仲間の杉浦、本屋敷、拝藤の三人が長嶋抜きで相談し、もし一戦目で八号ホームランが出ないようなら、二戦目はわざと負け、三戦目にもち込み四打席多く打席に立たせてやろうと、本気で相談してたそうです。何という事でしょう。自分達の優勝が掛かった試合で、長嶋の記録の方に重点を置き、皆で集まるなんて、本当に素晴らしい話だと思いました。

その話に長嶋が加わってたら、間違いなくチームの優勝を優先させてたでしょうね。それにしても素晴らしい仲間、そしてそれだけ仲間に協力したくなるような気を起こさせる魅力を長嶋はもっていたのですね。

プロに入ってからも、V9時代の仲間達、川上監督や牧野コーチは上司ですが、王、土井、黒江などと共に、みんなで九連続の美酒を味わったわけですが、ここで一つ一般論に合わないことがありました。

「両雄並び立たず」という言葉がありますが、長嶋と王、この両雄がお互い相手をなじったりしたなんて事は一度も聞いた事がなかったのです。確かに言いたい事もお互いあったでしょうが、仲間、ライバルでつぶし合うなんて事は考えてもいなかったでしょう。

この二人には格言もあてはまらなかった一つの例だと思います。二人共人間が出来てたのでしょうね。

そして仲間とはいえないかも知れませんが、長嶋に憧れプロ野球に入団してきたスター達、田渕、山本、星野等多数の名選手が長嶋と係わり合いました。が、本気で長嶋の悪口を言う人は誰もいません。皆ミスターの魅力にまいり、信頼していた仲間だと感じられます。

松井を大リーグに行かせないで

長嶋が、自分で運命のドラフトクジを引き当て、巨人に入団させ、そして今、長嶋が一番信頼できるバッターに育てあげた松井秀樹。

今日本球界から自分の力を試したいとか、大リーグへ夢をかなえるために行きたがる選手が大変多くなってきています。野茂の活躍からはじまり伊良部、吉井、長谷川、そして日本一の火消し佐々木、日本一のバッターと言われてるイチロー、そして新庄。なぜ皆、自分の故郷日本を離れ遠いアメリカへ行ってしまうのでしょう。

その誰もが、大リーグで活躍しているのには驚くし、嬉しいことですが、これでは日本球界に暗雲が広がってしまいます。

確かに野球の本場アメリカで自分の実力を試したいという気持ちはわからなくはありませんが、どうして日本では駄目なのでしょう。日本で活躍してた頃の自分達に何の不満があったのでしょう。自分の夢を叶えたいのはわかりますが、国内で彼らを応援してたファンに対しては、どう思っているのでしょう。「アメリカで頑張ってますので、応援してください」なんてメッセージより、やはり日本でのプレーを見たいですよ、ファンは。

今、衛星テレビなどで大リーグの試合を見ることができますが、みんなが衛星放送を受信できるわけではありません。ただ結果だけを地上波のテレビニュースで見たり聞いたりの人が多いと思います。名選手を身近な日本で見れないファンの淋しさも知って欲しいものです。

長嶋も現役時代ドジャースのオマリー会長に何度も大リーグへ来ないかと誘われた事があったといっています。当時で一億円を提示されたそうです。でも、そのとき日本のファンを捨て大リーグへ行ってたら、今の長嶋は存在しなかったでしょう。ミスタープロ野球の称号ももらえなかったでしょう。そして私達ファンにこれほど慕われたでしょうか。いや、もっと凄い世界の長嶋になってたかも。「レバ、タラ」はやめにして、とにかく長嶋は日本でプレーしてたから、誰にでも愛される名選手になったことだけは事実です。アメリカへ行ってたら、今の日本プロ野球での人気はなかったのではとも思います。

そもそも長嶋自身も大リーグへの思い入れは昔も今も確かに強くもっていて、ベーブ・ルースやハンク・アーロンなど、話の中に数々の選手の名前を挙げたり、大リーグ方式を話したり、日本語のあい間にもよく英語交じりの言葉を発することがあります。

私は鎖国制度を敷けとは思いませんが、日本で生まれ日本で名を上げた選手がアメリカに渡ることはあまり感心しません。日本でだって長嶋、王、金田、張本、江夏などいくらでも活躍し、ファ

ンに忘れられない選手が数えきれないほどいます。それと勝利して、私達の前で一緒に抱き合い喜び合う姿を見たいと願うものです。

それと今のマスコミも、自国日本のプロ野球の発展を願うのなら、スポーツ新聞の一面には日本プロ野球選手の活躍、活動を載せるのが本当だと思います。トップ面にイチロー、佐々木、新庄ばかり載せて、日本のファンやプロ野球選手を大リーグへばかり目を向けさせるのはどうかと思います。イチローの打率、佐々木のセーブ数よりも松井のホームラン、上原の完封、そして長嶋監督の嬉しそうな顔が一面に載ってた方が私達ファンにとっては嬉しいものです。そうしないとテレビの視聴率も下がる一方だと思います。その場の売れ行きばかりに気をとられてると、やがて自分の首をしめる事になるとは考えないのでしょうか。特に球団と関係してるスポーツ紙はやはり自分の球団の選手を一面に載せるのが本当ではないでしょうか。確かに部数を増やすことが商売の鉄則でしょうが、自国の選手を守り育ててゆくこともマスコミの仕事と私は思うのです。

だから長嶋さん、松井が「大リーグでどのくらい活躍できるかな」なんてことは考えないで、松井には日本のスーパースターを目ざすように心掛けて頂きたい。そして後に続く少年達にも、日本プロ野球の素晴らしさを教え伝えて欲しいと、日本プロ野球の一ファンとして願うものです。

野球漫画

今日本で一番読まれてるのは漫画本でしょう。その内、昭和から平成にかけて、どの位野球漫画が出版されてきたのでしょうか。「巨人の星」「ドカベン」「あぶさん」。とにかく数えることができないほどありましたが、そのいずれの本にも長嶋が描かれてないものがあったでしょうか。選手としての長嶋、監督としての長嶋は必ずどこかに顔を出してたはずです。それ程野球を語るに長嶋は外せない存在なのです。選手長嶋は、主役の投手と対戦し、その投手は打たれたのがくやしくて努力をし、長嶋を三振させるまでの姿が描かれたり、また仲間が悩んでる時は適切なアドバイスをするとか、皆に隠れて夜中にバットを振り続け、無言で仲間に教え込んだりとか、漫画の世界でも係りあった者を育ててしまいます。とにかく野球漫画に長嶋が出てない本はほとんどなかったと思います。そしてそれほどインパクトのある役で出ていても、必ずズッコケるシーンも描かれ、それがまた絵になっています。

しかし数ある本の中で、長嶋が女性と浮気をしたり、イタズラしたりとかいうシーンは全くありません。作者も絵になる長嶋に対して悪いイメージを与えないよう気を配ってた事も感じとれます。皆長嶋が本当に好きなのでしょうね。

円谷プロの怪獣映画や漫画にだって、必ずウルトラマンが登場する訳ではありません。時代劇にだって宮本武蔵が常に出てるわけでもないわけです。このように分野分野で大物、偉大な人、人気キャラクターはいますが、その分野でどこにでも登場してしまう長嶋は、日本人にとって空想のスーパーマンやウルトラマンを越えた、誰にでも慕われる真に日本のスーパーアイドルだと思うのです。

サイン

私が野球で一番わからないのがブロックサインです。なぜあんなにむずかしいのでしょう。帽子に手をやり、胸の前で両手を忙しく動かし、鼻をさわったり、そして最後に両手を「ポン」と叩いてサイン終了。私達素人にとってあれほどむずかしいと思われる事はありません。もし私がバッターボックスに立ち、あのブロックサインを出されたら、頭がパニックを起こしてしまうでしょう。そのブロックサインを覚えてる選手は頭が良くて、むずかしくて理解できない私は馬鹿なのかと思う時があります。でも色々むずかしく手を動かしててもその中でもキーポイントがあり打ち合わせをしてあれば、意外と簡単にサインはわかるのでしょうけど。

野球にサインは必要なのでしょうか。やはり必要なのでしょうね。もし皆が好き勝手に動いたら、盗塁の手助けで空振りもできないでしょうし、スクイズもできません。

私も田舎で早朝ソフトボールをしていましたが、やはりサインはありました。といっても単純なもので、まず帽子をキーポイントにし、胸にさわったらバント、耳にさわったらヒットエンドラン、帽子にさわらず同じ動作の時はカモフラージュで何もなしとか、全く単純なサインでした。その単純さゆえ、相手にスクイズのサインを見破られることもたびたびで、時々サインを変えた

こともありました。といっても耳をさわるとか右手を股間にさわってみるとか、ちょっとふざけた工夫もしたものでした。でも少年野球でも監督コーチが胸の前で忙しく手を動かしそれについていく子供達もたいしたものだと思ったものでした。

では長嶋は、というと、皆さん長嶋がブロックサインを出してる姿を見た人がいますか。胸の前で忙しく両手を動かしてる姿を見てみたいものですね。

でも、私と同じく「覚えられないので、むずかしい事はしないのだろうか」なんて。これは冗談ですが、長嶋の場合、選手時代は常に3、4番を打ち、監督がバントのサインを出すなんて事はほとんどなかったはずなので、本人もサインなんて気にする事もなかっただろうし(出しても見なかったかな)、常にマイペースでプレーをしてたのでしょう。そしてコーチ業を飛ばし、いきなり監督へ。

もし長嶋にコーチ時代があったなら、一塁コーチャー、三塁コーチャーで、忙しくブロックサインを出してる姿が見られたかも知れません。そして監督になってからも自らバントのかっこうをし「代打川相」と相手チームに次はバントだよと教えるようないかにも長嶋らしいと笑えた事もありました。ですからもしコーチをしてたら、次はどんなハプニングが見られるだろうと想像しただけでも楽しくなります。

プロは勝っていくらの商売なので、相手に見破られないためにむずかしいサインを活用するのは仕方がないと思いますが、バッテリー間のいたずらに長いサインだけはかんべんして欲しいものですね。

スター監督

昔から、名選手は名監督になれない、とよく言われます。長嶋や王が巨人の監督を追われるようにやめた時、「選手より目立つ監督は駄目」と言われました。現に長嶋も王も、監督としては失格の烙印を押され、一部のＯＢ、評論家、ファンにまで見放されようとしていました。そして長い充電期間中、長嶋はオリンピック、世界陸上、その他色々と幅広く別の世界で、カールルイスや世界の有名人とのふれあいに、楽しそうに年月を過ごしていました。が、なにか物足りなさや淋しさを感じていたのは私だけでしょうか。

野球において頂点を極めた長嶋は、選手にも自分と同じプレーを求め、常に物足りなさを感じてたかどうかは定かではありませんが、そんな事は決してなかったと思います。私が思う長嶋は、人の潜在能力を見抜く力が素晴らしく、選手を育てるという事に関しても一流人です。プロとしてひ弱に見えた篠塚、松本、新浦等、皆一流選手に育てた事でもわかるように、育てるという事に関して他の監督と比べても抜け出てたと思います。

プレーをするのは選手なのに、監督が「選手より人気があり目立って駄目だ」なんてよく聞きますが、なぜ駄目なのでしょう。

チームにスターがいなければファンも離れていくし、もし監督がスターであれば、選手はそれを利用し多くの観客に見られる事を励みにし、自分の力をより以上に発揮し、監督を越え「自分がスターになってやろう」と思うような気持ちで頑張るのが、本当だろうと思います。監督だってそれを望んでると思います。

王監督も巨人を追われたとき、毎日毎日選手よりも王さんのほうがマスコミに追われ、選手も可哀想でしたが、王さんはそれ以上に大変でした。巨人を辞めた後は毎日が新鮮で、今まで行けなかった所へも行けるし、本当に解放され自由になり、楽しかったと言ってたことをテレビで話してたことがありました。そのくらい巨人の監督になるという事は、世間に注目され、マスコミの攻勢を受けるのです。勝ってあたり前、負ければたたかれる、大変な仕事であると話してました。

監督だって、このように大変なことも多いのですし、スターであってもいいのではないかと私は思います。

父と子、そして女房

私は長嶋監督と一茂君親子に、本当の父と子のあるべき姿を見てるような気がしています。平成に入り子供達は学校でのいじめ等で自殺をするとか、中学・高校生の殺人、また親子で殺し合うなど信じられないような事件が多発しています。

一茂君は今、テレビでスポーツキャスターや役者として大変活躍されてますが、当初は「どうせ親の七光りで使ってもらえるんだ」などと陰口をたたかれた事もあったと思います。でも今の一茂君を見てると、完全に自分の力で今の地位を確保してると思います。顔に自信が見られます。その一茂君もここまで平穏無事にきたわけではないと思います。子供の頃、長嶋が打てなかったり、ミスをしたりで巨人が負けたときなどは、「お前のお父さんのせいで巨人が負けたんだ」等度々言われた事もあったと思います。人間はとかく良い事より悪い事の方が話題になり易く、面白おかしく話したがるものなのです。

親は自分の果たせなかった夢を子供に求め、子供は親の後姿を追って育ってゆきます。

長嶋茂雄は自分の好きな野球で頂点を極めた人なので、自分の息子に何を求めたのでしょうか。まさか野球で「自分以上になるように」なんて酷な事は望まなかったとは思います。

しかし一茂君は父を追い、立教大学で野球をし、そして偉大な父と比べられることも覚悟をし、プロ野球選手となりました。そして今、テレビ番組で父のことを聞かれても素直に尊敬の言葉で答えています。

現役時代、監督時代、常に忙しくて子供にかまってる暇などなかったはずなのに（だから子供と出かけても、そのまま忘れて帰ってきたなんて事もあった）、子供が大人になっても父を尊敬できる親子関係。本当に素晴らしいと思います。この父子関係が保たれているのは亜希子夫人の家庭での教育・努力のたまものである事は疑う余地がありません。たぶん監督は家に帰ったら亜希子夫人には頭が上がらないのではないでしょうか。

子供も大人になり、今さら夫人を「好き」とか「愛してる」など言えないと思いますが、可愛い子供を生み育てて、そして家にいることが少ない自分の分まで子供の世話をし、家庭を守ってくれた亜希子夫人を「今失いたくない、世界で一番大事な人」と思ってると、確信致しております。子供が親を尊敬し親が子供を信用してる親子関係があれば、何も問題は起きないと思いますし、どんな問題も解決できると思います。

もし長嶋と一緒なら

金属のかたまりである飛行機が空を飛ぶなんて、この文明時代でもいまだに信じられません。電車や車ならもし事故にあっても死ぬ確率は低いが、飛行機は助かる確率が0に等しい。自分一人だけの体なら死も恐くはないが、今はまだ死ぬのは恐い。もちろんあらゆる乗物で最も速く、事故が少ないのが飛行機という事は私も知っていますが、ホテルの屋上から下を見降しただけで、体から「スー」と血が引いてしまう高所恐怖症の私にとって、飛行機は大の苦手です。

だから妻がテレビを見ていて、「海外旅行が当たるクイズを出したら」と言っても、絶対出す気にはなれません。もし無料で世界一周をプレゼントするといわれても、今は断ってしまうでしょう。北海道の学校へ行ってる息子に会いに行くにも、妻は速いし楽なので飛行機で行っても、私は電車にしてしまいます。二人で飛行機に乗り、もし何かあったら、まだ一人前にならない残された子供が可哀想だから、二人一緒は絶対嫌です。一人で乗る時は妻に遺言を残して乗るくらいです。

でも恐くないと思うときが臆病な私にもありました。それは運の強いスターなどが一緒に同乗してれば大丈夫という気持ちが以前はあったからです。が、私が接骨の修業中、院長に連れられ渡辺プロダクション社長宅へ往診に行った事があり、そこで九ちゃんこと坂本九さんに会いました。大好きな歌手の九ちゃんで人気も凄く、プロ野球界の長嶋のようなスターで運の強い人だと思ってましたが、飛行機事故でこの世を去ったときはショックだったとともに、やはり飛行機は恐いと思いました。それ以後は、もし飛行機に乗ることになったときは、一つだけ条件を付けることにしました。やはり長嶋茂雄と同乗できるなら絶対恐くないと思うし、何かが起きても一緒なら仕方がないと思う気持ちが私をこういう気にさせるのでしょう。

私は長嶋が日本で一番運が強い人だと勝手に思ってる、と言えば失礼かも知れませんが、本人に言わせれば「別に運が強いなんて思ってないよ。ただ自分の信じた道を真っすぐ歩いてるだけ」と言われてしまうでしょうね。

もし生まれ変われたら

もし自分が長嶋茂雄に生まれ変われたら、どれだけ幸せだろうと考えてる人がたくさんいると思います。スター街道真っしぐら、スーパースターで国民的アイドル、何でも好きなことができ思い通りになれる等、甘い夢を見る人もたくさんいると思います。でもそれでは今自分が憧れてるスーパースター長嶋を知らないで終ってしまうのです。

長嶋に対する色々な想い、心のときめきや憧れを知らずに終えるなんて、かえって不幸な事かも知れません。確かに私達からみると何から何まで凄い人ですがそれ相応の苦労も悩みもあると思うし、逆に長嶋の方が別の人と変わりたいと思ってるかも?

皆さんは今の生活をどう思ってますか? 幸せと思ってる人、不幸だと思ってる人、それぞれでしょうが、今までの人との出会いはどうなるのでしょう。もし自分が長嶋に生まれ変われたら、両親、妻、子供、その家族との出会い、全部なくなってしまいます。

「別にそれでいいじゃないか。長嶋みたいにきれいな奥さんをもらい、子供もみんな有名になり、お金も不自由しない。最高だろう。こんな素晴らしい人生、どこにある」

本当に、私達からみればうらやましい限りですが、でも、自分が子供の頃、熱を出したときに寝ずに看病してくれた母。子供が生まれ一緒に喜び楽しいことも辛いことも一緒に歩んできてくれた妻。誕生の喜び、そして苦しいとき、その存在に何度も助けられた子供の笑顔。このさまざまな人との出会い、喜び、悲しみ、すべて捨てられるわけがありません。いろいろなことで人に助けられたこともあるでしょうし、助けたこともあるでしょう。そのすべてを無にすることは考えられません。

確かに長嶋は世界で一番好きですが、家族の絆は全く違うものがあります。ですから私は今のままで良いと思うし、そうでなければ私が長嶋に憧れてる、こんな気持ちをもてないことも確かでしょう。生まれ変って長嶋になりたいとは正直思いますが、それよりも長嶋と共に人生を見つめ歩んでる今のほうが楽しいように私には思われるのです。

長嶋に会いたい

長嶋ファンなら誰でも会って話をしてみたいと思うのはあたり前でしょう。しかし一ファンが会って話をするなんて事は、ほとんど不可能です。自宅にも球団にも事務所にも会いに行く事はできないし、たとえ電話番号がわかってもとりついでもらえるなんてあり得ないことでしょう。かといって試合中にグランドへ降りて行ったりしたら、それこそ大変な事になってしまいます。スターとファンは近いようで、距離は果てしなく遠いのです。もし会える方法があるのなら「誰か教えて欲しい」と、ファンは皆思っているはずです。夢で会うだけで嬉しいのだから、本当に会えたならどれ程嬉しいことでしょう。

徳光さんや番記者、特にいつもインタビューをしている女性記者やキャスターには、このファンの気持ちはわからないでしょうね。人と人との出合いはそんなにあるものではない、でも「あの人と会ってみたい」と思う気持ちは誰にでもあります。度々書いてしまうかも知れませんが長嶋にしても他のスター選手にしてもサービス業である限り、もっと私達のような思いをしてるファンとの距離を縮める事を考えて欲しいし、もし一般のファンと多く接すれば、違った意味で人間としての視野が広がるかも知れませんよ。

確かに、毎日忙しく一人一人の願いを聞くなんてことは不可能でしょうが、スター同士や財界人とは、簡単に会って楽しそうに話をしている姿をみると、自分達は全く相手にされてないような気分になるのは私だけでしょうか。もし事務所の人達もせめて名前と電話番号くらい聞いてくれて、そのうち何人かの人に電話でもしてくれたら、もらった人はどれ程嬉しいでしょうか。少し考えてみてもらえると嬉しいのですが……。こういう私もこの本を書いてる事によって「もしかしたら会えるチャンスがあるかも」なんて思いながら書いてます。甘いかな。

夢物語

人は誰でも夢を見ます。眠ってて見る夢は、走っても走っても前に進まないとか、海に落ちてもがいてるとか、昔の恋人が現われたりとか、楽しい夢も、恐い夢も、いろいろな夢を見ます。

しかし、目を開いて見る夢は、また違います。悪いことや、恐いことは、夢として考えるわけがありません。自分がスーパーマンになれたならとか、宝くじの当選番号が前もってわかる方法はないものかとか、三時間後の未来が見えるならギャンブルは負けないのにとか、とにかく実現するはずもない夢ばかり見てしまいます。

そして私が常々見る夢は……。巨人が勝てず長嶋監督が困った顔をしてるとき、私はいつも一人で夢物語を描いてしまいます。たとえば、自分の息子をサイボーグのように改造し、投げては一六〇キロ。そして絶対バットに当たらない魔球を投げれるだけでなく、打っては十割打者。そして無論、巨人に入団させ、巨人を永遠に優勝へと導き、いつまでも長嶋の笑顔を見続ける……!!

でも、それが本当に実現するなら、本当に大変なことになりそうですが、自分の息子を改造人間にしてまで長嶋の喜ぶ姿を見続けたいと思わせるのですから、長嶋は、本当に凄い人だと思います。

職　出会い　きっかけ

自分の望んでた職に就く人、親の後を継いで何となく仕事をしてる人、仕事がなく嫌な仕事でも生きるために仕方なく働いている人と、いろいろと事情があると思いますが、職に就くまでは何かきっかけとか、人との出会いがあったものと思われます。

長嶋の場合、千葉の田舎(?)佐倉一高で、他の仲間より少し目立ったくらいの存在であったにすぎませんでしたが、プロのスカウトが誰とも当てなく見ていた大宮球場での試合で、バックスクリーンへ特大のホームランを放ち、そのときからプロ、アマから大学のスカウトにまで、「千葉に長嶋という力のある高校生がいる」と、突如注目される存在となりました。

そのときのホームランがなければ、長嶋はただの野球の上手な少年で終わってたのかもしれません。そしてその後、スーパースター長嶋になるまでは、砂押監督との出会いから始まり、正力松太郎オーナー、水原茂監督、川上哲治さん、金田正一さん、王貞治さんなど多くの人との出会いがあったものと思われます。

さて、ここからは長嶋さんに少し休んでいただき、話が少しずれますが、私事をまじえて、学校の先生やあらゆるスポーツの指導者の方々へ、生徒の将来ということについて述べさせていただくことをお許しください。

何度も書いてきましたが、私は中学入学時前から、大変な長嶋ファンで、自分も将来はプロ野球選手になることを夢見て野球部に入部しました。田舎ではいつも二、三歳年上の人たちと野山を駆け回って遊んでいたので、体力もついて、小学校のスポーツテストでオールAの判定を受け、県知事から表彰されました。

そのくらい体力があったため、野球部に入部してすぐ先輩に遠投やキャッチボールに私だけまぜていただき、嬉しい思いをしました。それとともに同級生に悪いなという気持ちでいたのですが、先輩には逆らえませんので仕方なかったと思ってます。

が、そのうち私を除く一年生が全員退部をし、私一人残されましたが、バツが悪いので、私も退部しました。そして友達に誘われ柔道部を見学に行ったのですが、その場で柔道着を着せられ、同級生と試合をさせられました。そして、まずいことに何も知らない私が力まかせに部員全員を投げてしまい、顧問の先生に目をつけられてしまいました。それで一週間、柔道部で練習することになってしまいましたが、野球部を退部した同級生全員の間で、「また野球部に戻ろう」という話が持ち上がり、私も一緒に野球部に戻ろうとしたのですが、柔道部の顧問の先生はそれを許さず、私を校長室に連れて行き、教頭先生と二人で約一時間、柔道部に残るよう説得されました。

「どうしても野球をしたい」と私が説得に応じないでいると、今度は野球部の顧問の先生が来て、

「田中は野球部に入れない」と、なんとも非情なことをいわれました。それで仕方なく柔道を続けることにしました。

でも、そのお陰で中体連など全部優勝し、素晴らしい思い出を残したのですが、三年生の大会の約三週間前、準備運動もせず仲間とふざけて肋骨を折ってしまい、大会に出場するかどうか、大変な決断を迫られました。医者からは出場を辞退すべきだと止められていましたが、まだ十四歳の少年としては痛みなど関係なく、「とにかく試合に出たい。団体戦で仲間に迷惑をかけられない」という気持ちしか頭にありませんでした。あとで自分の体がどうなるかなんて考える余裕もなかったのです。もちろん、顧問の先生も、わたしが出れば必ず勝てると思ってたでしょうから、私に出場してもらいたかったわけです。

そうして、少しでも動けば肋骨がボキボキと音を立てるのを押して、大会に出場し、個人優勝を果たしました。が、そのときの無理が尾を引き、腰を痛めてしまいました。高校でも柔道部に入ったのですが、思うように練習ができず、つらい思いをしました。高校の監督は中学のときとは違い、「親からあずかった大事な体だ。怪我を治すまでは使えない。無理をしてあとで何かあったら、ご両親に申し訳ない」と言ってくれました。それで、私も早く体の故障を治そうと、授業は午前中で終え、午後は毎日病院通い、そして部活の時間には学校に戻ってトレーニングと、勉強よりも柔道中心の高校生活を送りました。

しかし、三年間、思いはかなわず、中学時代に自分より弱かった人や後輩が選手として活躍する姿を、マネージャーとして悔しい思いで見て過ごしました。

その頃、こんなことを思ってはいけないのですが、中学のときの顧問の先生を恨みたい気持ちがわいてきました。「なぜあのとき、先生は試合をさせたのだろう。あのとき止めてくれれば、今みんなと一緒に試合ができたのに」と、思い悩んだこともありました。でも、そのときでした、私が今の仕事に就くことを決意のは。つまり、私のようなつらい目に二度と後輩達をあわせたくないと思ったのです。

怪我をしても、あとに残るようなときは、絶対に試合に出てはいけないと制止し、あとにのこらないような怪我のときは、たとえ骨にひびが入っていようと試合ができるように指導する。そうして、素敵な思い出を残せるように、あとに悔いを残さないような指導をできるような人間になろうと心に誓い、厳しい修業に入りました。

修業はつらいこともたくさんありましたが、東京での生活は楽しいものでした。田舎では会えないスターたち(池内淳子さん、村田英雄さんのご家族、梓みちよさん、美空ひばりさんの弟、ジェリー藤尾さんの娘達など)も治療にきてくれました。

長々と関係のないことを書き、何を言いたいのだとお叱りを受けそうですが、まだ十代の頃は、怪我をしても自分の気持ちを抑えることができず、それがのちに致命傷となるなどとは考えず、出たいという気持ちしかないのですから、スポーツの指導者はよくそのことを心において、指導すべきだと思います。

また、学生が将来、何になろうかと迷っていたり、自分の道が見つからず焦っていたりしても、あまり思いつめないで下さい。私のように怪我のため悔しい思いをし、一時どん底の思いを味わったが、逆にそれがきっかけで今の職を見つけられたということもあるし、本当に人生はちょっとしたきっかけや人との出会いで変わるものです。高校時代には恨みに思っていた先生でしたが、逆にその先生のお蔭で自分にいちばん合った仕事を見つけられたことに、今は感謝しています。そのときの怪我、そして先生の誤った指導(?)がなかったら、今の自分は柔道の能力を生かし、たぶん警察官か体育の先生になってたと思います。

学校の先生、そしてあらゆるスポーツの指導者の方々にお願いしたいのですが、子供のやる気を尊重することは大事ですが、その後のこともよく考え指導してほしいと思います。専門のお医者さんたちや、鍼灸や整骨院の仲間も協力いたしますから、これからの日本を背負う学生たちを健全な心と体で卒業させてください。

そしてもうひとつ、高校野球において甲子園での優勝投手が、その後プロなどであまり活躍できないのは、なぜでしょうか。試合に勝ち進むと三連投、四連投と無理をさせ、肩や肘を使いすぎるためではないでしょうか。今、ゆとりある教育という時代に入り、先生も生徒も二〇〇二年からは一年間で休みが三十日くらい多くなるようですし、甲子園などでは準々決勝くらいから一日おきに試合をするくらいのゆるい日程を立てていただけたら、もっとプロなどで活躍できる選手が増えていくと思います。そのほうが野球関係者の方々も喜ぶと思いますし、きっと長嶋監督も私と同じ考えであると信じています。

感　謝

あと五十年もすれば、ひょっとして長嶋という人間も、また長嶋の素晴らしさも忘れられてしまっているかも知れません。だいたい、王や金田みたいな凄い記録は残してはいませんから。

でも、長嶋茂雄と一緒に同時代を生きてきた私達のような年代の人間は、スーパースターを通して、青春時代から喜びも悲しみも分ちあったことを、いつまでも忘れはしないでしょう。

そして私の人生において、ずっと長嶋を見つめてこられたことを、本当に幸せに思い、心から感謝したいという気持ちでいっぱいです。

二つの疑問

私には二つほど疑問があります。

まず、一つ。

私は毎年、シーズンオフが近づくと、落ち着かなくなります。巨人が不調の年は、

「長嶋解任、後任は誰が有力か」

とか、また、優勝が目前に迫っても、

「長嶋監督、有終の美を飾って退団か」

と必ず新聞紙上が賑わいます。これって、本当に迷惑なことです。

前に書いたことと話が重なりますが、長嶋がこれまで巨人とプロ野球、そして日本の経済にまで、どれほど貢献してきたのか。そして、どれだけプロ野球界を救ってきたのか。誰もが知ってるはずです。それなのに、なぜ退団の話ばかり出てくるのでしょうか。まったく頭にきます。

オーナーから「永久監督」と言われていても、それでも不安があります。周りの騒音になるのではと、一〇〇パーセント監督留任がはっきりするまで不安なのです。

もっとはっきりと、

「長嶋には可哀想だが、腰を曲げて杖をついてでも、自分のやる気、野球への情熱があるうちは、やってもらう。周りは騒ぐな」

と、はっきりオーナーからの言葉をファンとしては聞きたいものです。一生涯長嶋ファンとしては、巨人より長嶋です。

それからもう一つ。高校野球連盟に疑問があります。

一部の選手が不祥事を起こしたために、その高校が野球選手権試合への出場ができなくなることがよくあります。これって、正しい処置なのでしょうか。三年間頭を丸めて他のクラブ活動より遅くまで汗水流してきたのに、不祥事に関係のない他の選手まで出場停止処分にするのはどうかと思います。

確かに、連帯責任というのはわかりますが、全国の球児や世間への見せしめならば、やはりそれでは、努力してきた大勢の選手があまりにも可哀想とは思いませんか。不祥事の当事者達だけに責任をとらせるべきではないでしょうか。

そうしないと、自分が悪くもないのに犠牲になった多くの選手・生徒が、逆に失望のあまり、横道にそれてしまう恐れだってあるような気がします。それこそ健全な心と体をつくるという高校野球の目的と外れてしまいます。

高校球児の全員が、その後、大学野球や実業団野球、そしてプロ野球に行って、野球人生を引き続き送り続けるとは限りません。高校野球で野球との付き合いが最後になる人も多いわけですから。

長嶋監督や、その他の野球関係者の方々は、この問題について、どうお考えでしょうか。

最後に

私は少年時代から四十年余り、長嶋茂雄に憧れ、人生を歩んできました。長嶋のようになりたいと、いつも夢を長嶋に求め、苦しいときも、悲しいときも、長嶋のプレーする姿を見て、どれほど心がいやされてきたか。もう人生の一部となり一緒に歩んできたように思われます。

長嶋が選手として、はつらつとプレーをし、明るい人柄で全国を沸かしてた頃、日本は高度成長期の真っ只中でした。「巨人」「大鵬」「たまご焼き」と人々は野球に熱狂し、ボーリングやゴルフに夢中になり、夜はお酒を飲み、ディスコで踊るという、誰もが楽しい時代であったことはいうまでもありませんでした。

しかし二十一世紀に入り、日本は不景気の真っ只中、大勢の人々が苦しい時代になってきました。そんな時代に、昭和が生んだ日本最高の、記憶に残るスーパースター・長嶋茂雄の力で、あの楽しかった頃に戻せないものかと考えるのは、私だけでしょうか。

【著者プロフィール】
田中 俊雄（たなか としお）

昭和26年、福島県生まれ。福島県立双葉高等学校卒業後、自身の怪我が原因で柔道を断念。そのくやしい思いを学生にさせてはいけないと思い、日本柔道整復専門学校に進む。接骨院経営。腰痛・疼痛軽減法などを研究。趣味はスポーツ一般。

私は長嶋茂雄が好きだ

2001年11月16日　初版第1刷発行

著　者　田中 俊雄
発行者　瓜谷 綱延
発行所　株式会社 文芸社
〒112-0004　東京都文京区後楽2-23-12
電話　03-3814-1177（代表）
03-3814-2455（営業）
振替　00190-8-728265

印刷所　図書印刷株式会社

ISBN4-8355-2675-9 C0095
日本音楽著作権協会（出）許諾第0110597-101